RAPPORT

adressé par

Mr Adrien **BALNY**,

Enseigne de Vaisseau, Capitaine de l'Espingole,

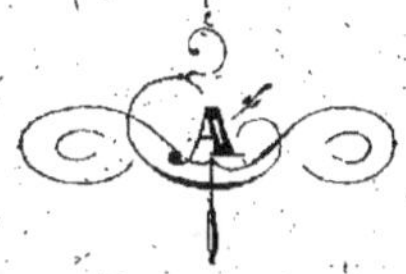

Monsieur le Lieutenant de Vaisseau **GARNIER**

Commandant l'expédition au Ton-King (Cochinchine).

Imp. Marbois, Pl. de l'Odéon, 4.

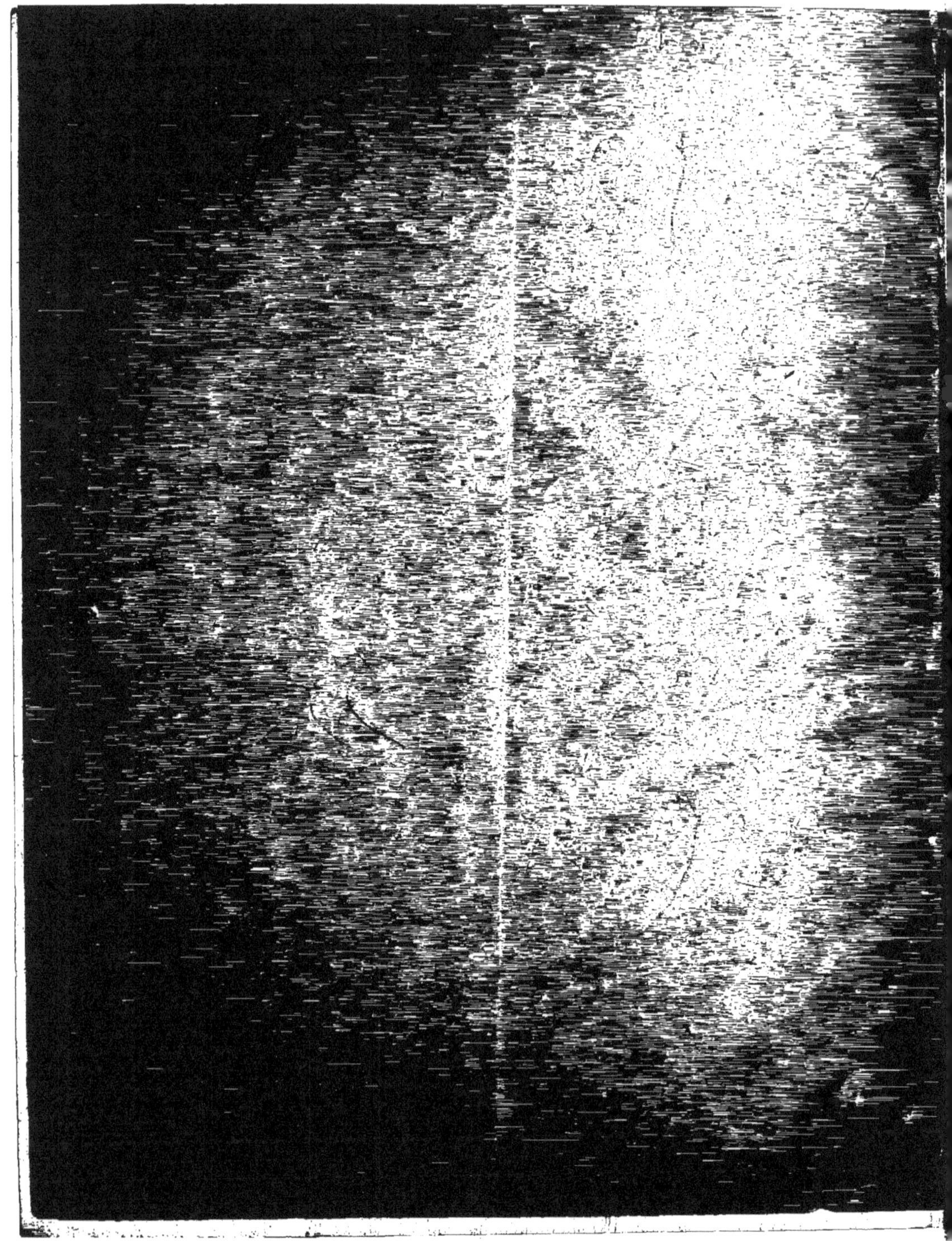

Rapport

adressé par

Mr Adrien Balny,

Enseigne de vaisseau, Capitaine de l'Espingole,

à

Monsieur le Lieutenant de vaisseau Garnier,

Commandant l'expédition au Ton-King (Cochinchine).

———

Commandant.

J'ai l'honneur de vous rendre compte de la seconde partie de la mission dont vous m'avez chargé, en renforçant l'équipage de l'Espingole par 15 hommes d'infanterie de marine, commandés par Mr de Trentinian, accompagné du docteur Harmand, médecin de 2me classe.

Le 1er Décembre dans la journée, arrivèrent à Phu-Ly les troupes du général Van-Ba, entre les mains de qui je remis la citadelle (Phu-Ly), après lui avoir présenté l'Administration et le Gouverneur que j'avais installé aussitôt la prise de la place. À 8 heures du soir, après une dernière visite, l'infanterie de marine embarqua à bord, et le lendemain, 2 Décembre, à

6 heures 1/2 du matin, j'appareillai pour Hai-Dzuong ; je ne quittai pas Phu-Ly sans regret. Je laissais derrière moi la ville de Ninh-Binh, où des travaux de défense paraissaient s'organiser d'une façon sérieuse : mais vos instructions étaient formelles.

Notre mission à Hai-Dzuong avait un double but : reconnaître si le passage était libre et praticable, et nous assurer des intentions amicales du Gouverneur de cette province, centre englobé dans les deux routes ouvertes désormais au commerce dans le Ton-King. — Le premier but atteint, j'échouai dans le second, contre vos prévisions et nos espérances, et j'appellerai particulièrement votre attention sur les évènements importants qui accompagnèrent cette seconde partie de ma mission qui m'obligea à modifier mes instructions et à vous en demander de nouvelles.

Parti à 6 heures 1/2, je débouchai à 10 heures dans le Song-Ca, ou rivière d'Ha-Noï, devant Hong-Yen ; et, sans m'arrêter, je descendis le fleuve jusqu'à l'entrée du canal de Thai-Binh. — A 11 heures, j'entrai dans ce canal, que j'avais déjà sondé, jusqu'au premier barrage, où j'arrivai à 1 heure. — Depuis cet endroit jusqu'au barrage, le canal est étroit, facile, mais peu profond : les fonds varient de 3 à 4 mètres, rarement plus, en suivant le chenal. — Je trouvai le barrage à peu près dans le même état qu'à ma première visite, et je le franchis sans difficulté. Les forts qui surveillaient ce barrage venaient d'être abandonnés, et je rencontrai sur ma route le capitaine annamite (Quan), retournant avec armes et bagages à Hong-Yen. Je communiquai avec lui et le chargeai de la lettre que vous m'aviez envoyée pour le gouverneur de cette province, soumise au dernier passage de l'Espingole. Je m'étais arrêté pour prendre un pilote, et à 1 heure je continuai ma route en descendant le canal.

A trois heures, en arrivant devant Tuan-Chan, j'aperçus un nouveau barrage, dont je ne soupçonnais pas l'existence, et qui paraissait avoir de bien plus grandes proportions que le premier. En approchant, je crus reconnaître que, comme plus haut, une passe étroite était libre. Cependant l'apparence hostile du fort, dont les portes se refermèrent, et la fuite de tout le monde à notre approche, me décidèrent à mouiller et à toucher le barrage sans le franchir ; et, pendant que j'envoyais sonder, je descendis à terre avec quatre hommes armés et j'allai droit au fort. Les hommes étaient à leurs pièces, la porte fermée, et je fus obligé d'employer presque la force pour me faire ouvrir

L'officier qui se présenta répondit que le barrage, au lieu d'être en construction, était en démolition depuis la prise d'Hanoï ; que, du reste, arrivé depuis 5 jours seulement de Nam-Dinh, il n'avait été rien fait depuis son arrivée ; je constatai, en effet, que les pieux rassemblés sur le rivage paraissaient avoir séjourné dans l'eau ou en avoir été récemment arrachés ; mais de gros blocs de pierre qui étaient à côté paraissaient tout prêts à être mis en place. Il eût fallu perdre trop de temps pour bien éclaircir le fait ; et, comme on m'apprit en revenant sur la berge que le passage était libre, je remis à mon retour l'examen de cette question. Je laissai le capitaine, lui faisant force recommandations, retournai à bord, appareillai en franchissant facilement le barrage, et, à 5 heures ½ je donnai dans la rivière de Haï-Dzuong.

La seconde partie de ce canal, à partir du premier barrage, est plus belle que la première : le lit est plus large, les fonds plus grands, 4, 5, 6 mètres, certains coudes cependant un peu violents. Un seul endroit est peu profond pendant 200 mètres environ, à mi-chemin entre le 2ᵉ barrage et la rivière de Haï-Dzuong ; je n'y ai trouvé que 3 mètres et 2ᵐ,80. C'est cet endroit qui m'avait été signalé à mon départ comme impraticable : peut-être, en effet, à marée basse, le fond est-il insuffisant. Au moment où j'y ai passé, nous devions être à mi-marée. Je continuai ma route en remontant à Haï-Dzuong par des fonds très-grands ; et, comme la lune était levée avant le coucher du soleil, je ne mouillai qu'à 7 heures ½ en présence de l'hésitation du pilote. Je ne savais plus à quelle distance j'étais de Haï-Dzuong, mais on m'affirmait qu'en une demi-heure, le lendemain, j'y serais. Le lendemain, 3 Décembre, j'appareillerai à 6 heures 45ᵐ, et je n'arrivai devant les passes de Haï-Dzuong qu'à 9 heures. Je me rappelai qu'un mois avant, arrivant à Haï-Dzuong pour la première fois, j'avais trouvé des fonds de 3 mètres dans la passe que j'avais prise ; les eaux étaient plus hautes qu'à ce moment, et mon pilote, indiquant sans hésitation une autre passe, je n'hésitai pas y donner ; mais à 1.500 mètres environ des estacades, ces fonds diminuèrent brusquement, et, avant d'avoir pu manœuvrer, j'étais échoué par 1 mètre 30. Je pus me dégager ; je tentai le passage à droite et à gauche, sans succès ; je me décidai alors à retourner en arrière et à mouiller aussitôt que j'aurais un fond convenable.

Je fis chauffer de suite la yole à vapeur et priai Mʳ de Trentinian, accompagné de 4 hommes, d'aller, de ma part, porter la lettre au gouverneur, de s'assurer de ses dispositions, et, dans le cas où elles seraient amicales, de lui dire ;

comme à Hong-Yen, que la seule preuve que j'en demandais était qu'il vînt me faire visite, pour que nous puissions bien nous entendre sur la façon dont les traités de commerce devaient être exécutés. J'espérais que tout irait bien, et je comptais repartir le soir même; cependant, en attendant la réponse de Mr de Trentinian, j'allai sonder; je reconnus la passe impraticable; j'en sondai une autre, celle que j'avais prise autrefois; je n'y trouvai que 2 mètres et 1m50 fondrières fermes; pendant 800 mètres environ, la mer baissait toujours; je devais renoncer, pour ce jour-là au moins, à tenter le passage. Si les choses se passaient bien, je n'avais aucun intérêt à tenter un passage qui n'eût plus été possible une heure après et eût empêché mon départ le soir même. Cependant, je regrettai vivement ce contre-temps car l'impossibilité dans laquelle je me trouvais d'approcher la ville n'avait certainement pas échappé à Hai-Dzuong, et, tout en espérant n'avoir que des relations amicales, notre éloignement pouvait modifier un peu les dispositions des autorités, en nous enlevant l'appui moral d'une intervention immédiate en cas de mauvaises intentions.

Parti à 10 heures 1/2, Mr de Trentinian ne revint qu'à midi et demi, au moment où je commençais à m'alarmer d'une si longue absence. Le premier mot qu'on lui avait dit confirma mes appréhensions sur le mauvais effet de notre éloignement. Il avait été reçu, le sourire aux lèvres, mais avec cette insolence polie particulière aux Annamites, qui laissait voir, sous les dehors aimables qu'affectait le gouverneur, le sentiment de sa force et le peu d'effet de notre présence à une telle distance. Il acceptait les paroles de paix qu'on venait lui apporter; était toujours disposé à accepter les conditions du traité de commerce; mais il lui était impossible de venir à bord; Mr de Trentinian insista en vain, sur les conséquences d'une pareille obstination: il fut éconduit. Cet officier terminait son rapport en indiquant les changements considérables qui s'étaient faits dans la citadelle depuis un mois, et une série de travaux de défense tout fraîchement faits, et ne laissant aucun doute sur les sentiments qui avaient dicté la conduite du gouverneur.

Cette attitude imprévue me rendit très-perplexe; d'une part, ma mission n'était nullement remplie, si je partais sur cette réponse; de l'autre, les renseignements que j'avais sur la citadelle, qui, depuis s'était mise complètement sur la défensive, devaient me faire réfléchir à la faiblesse de mes moyens. Une circonstance me décida: Mr de Trentinian me quittait à peine, qu'un officier annamite de grade inférieur m'accosta, apportant quelques œufs et des fruits. Cet officier, copiant les manières de son chef, m'annonça, le sourire sur les lèvres, qu'il était envoyé par le gouverneur pour me présenter ses compliments, m'apporter ses présents, et me dire que je n'aie pas à compter sur sa visite, la loi annamite s'y opposant. Une telle réponse, envoyée par un messager semblable, ne laissait plus aucun doute sur les intentions du gouverneur. Je refusai les présents, répondant que je n'en saurais que faire, que le gouverneur savait combien mes dispositions étaient amicales, mais que M. de Trentinian lui avait suffisamment expliqué que sa visite m'était absolument indispensable pour me convaincre qu'il y répondait. J'ajoutai que j'attendrais cette visite jusqu'à 3 heures, que je la désirais vivement, mais que si, à 3 heures, il n'était pas venu, je serais forcé de voir en lui un ennemi et de le traiter comme tel. L'officier partit, le même sourire aux lèvres. — Quant à moi, vivement préoccupé de la voie dans laquelle je venais de m'engager, et désireux d'appuyer mes paroles par un effet, je donnai ordre de pointer la pièce de l'avant sur la tour, de prendre les armes, et je retournai dans la yole, décidé à tenter immédiatement le passage, s'il était possible.

Je rentrai à bord, désappointé ; il ne fallait plus songer à passer ; la sonde avait donné 1ᵐ60 à plusieurs reprises, et l'Espingole ne cale pas moins de 1ᵐ90. — Il était 3 heures moins le quart quand je rentrai à bord, et aucun mouvement ne semblait indiquer que le gouverneur eût changé d'avis ; les forts de la rade s'étaient au contraire garnis de monde et pavoisés. — Jugeant la circonstance grave, je réunis M. M. de Trentinian et Harmand en conseil dans ma chambre, leur lus tout au long mes instructions et leur demandai leur avis, et, posant la question suivante : « Pensez vous que, sous peine de voir fortement ébranler notre autorité et notre prestige, nous devions agir ? » — Réponse : Oui ! C'est aussi mon avis, quoique le parti soit grave. » — Je fais faire le branlebas, pointer la pièce sur la tour, à 10 encâblures ; et, à 3 h.5ᵐ, je commande le feu. — Les trois premiers coups servent à rectifier le tir ; j'en fais tirer sept autres à 12 encâblures : le tir est parfait, la tour est touchée, ainsi que les maisons qui l'entourent. Au dixième coup, je cesse le feu. Ce tir avait pour but de faire constater notre puissance et de donner à réfléchir au mandarin gouverneur. J'espérais ébranler sa confiance en lui et arriver à une solution que je désirais ardemment. —

Aussitôt le feu cessé, je partis dans la yole à vapeur, avec une dizaine d'hommes armés, dans une embarcation à la remorque, et je m'approchai du fort en demandant à parlementer. On m'envoya un caporal. Je chargeai cet homme, à défaut d'autre, d'aller dire au gouverneur que j'avais voulu seulement lui faire voir qu'il m'était facile, quoique bien loin, de lui faire beaucoup de mal, mais que je le faisais contre mon gré, que j'étais disposé à traiter, que je l'attendais à bord et lui donnais jusqu'à 6 heures pour envoyer un parlementaire, et 8 heures pour se présenter; puis, comme le jour tombait, je rentrai à bord, remorqué à grand'peine par la yole.—

À 6 h. ½, le chef de la Congrégation chinoise se présenta, de la part du gouverneur, demandant quelles étaient nos conditions, pour ne plus tirer le canon.— Le tir avait fait grand effet.— Je répondis à celui-ci que nos conditions n'avaient pas changé, que je ne demandais qu'une satisfaction, la visite du gouverneur. J'ajoutai que je ne pouvais comprendre une telle obstination à refuser une chose aussi simple, qui pouvait empêcher de grands malheurs. J'ajoutai qu'il dise bien au gouverneur que je désirais de tout mon cœur voir une solution rapide et pacifique à tout cela, qu'il l'assure de nos parfaites intentions d'amitié, mais que, désormais, je considérais l'honneur du pavillon que j'étais chargé de défendre comme engagé, et que si satisfaction ne m'était pas donnée, je saurais faire mon devoir et faire respecter le drapeau français. Le chef de la Congrégation chinoise parut ne point douter que tout allait s'arranger; et, pour ménager l'amour-propre du gouverneur, je reculai la limite et lui donnai jusqu'au lendemain, à 7 heures du matin, pour venir à bord.

Cette ouverture du mandarin gouverneur me donna les plus vives espérances, et je ne doutai pas que, le lendemain, la visite ne fût faite. Cette perspective me soulageait d'un grand poids, car je ne pouvais plus reculer, et je ne me dissimulais pas les difficultés qu'aurait entraînées l'ouverture des hostilités. Cependant, pour n'être pas pris au dépourvu, je pris toutes mes dispositions pour une attaque le lendemain, et décidai le soir, avec les officiers, que si la visite n'était pas faite, je profiterais de la mer haute pour passer la passe et mouiller devant les forts de l'entrée, aux postes de combat. À 8 heures, le feu serait ouvert sur les forts pendant que le détachement d'infanterie, sous les ordres de Mr de Trentinian, et 12 hommes de l'Espingole embarqueraient dans les embarcations, et l'attaque des forts serait faite de suite sous mes ordres. Une fois les forts enlevés, nous nous porterions rapidement à une porte de la citadelle pour reconnaître si un coup de main était possible ; et, dans le cas où cette besogne nous paraîtrait au-dessus de nos forces, nous nous replierions dans les forts pour régler le tir de l'Espingole sur la porte reconnue ; et après un bombardement et peut-être une brèche dans la porte, l'assaut serait donné.— La yole à vapeur devait aller au soir dans la passe pour faire un dernier sondage.— Je me couchai après ces dispositions prises, mais tellement convaincu que c'était inutile, que je préparai deux lettres, l'une pour vous, l'autre pour Monseigneur Colomir. Je devais les confier au mandarin gouverneur, en les recommandant à ses soins.

Les événements du lendemain furent peu en rapport avec nos espérances. Au jour, une jonque vint à bord : j'étais prêt à recevoir le gouverneur, mais c'étaient des envoyés seulement, le Lanh-Binh en un autre. — Dès que je me fus assuré que ce n'était pas le gouverneur en personne, je répondis aux envoyés que je n'avais rien à leur dire, qu'ils avertissent le gouverneur que si, à 8 heures, il n'avait pas rendu sa visite, je commençais les hostilités. Ils partirent de suite, sans insister et sans répondre. La yole revint une demi-heure après ; la passe était praticable ; je poussai les feux, appareillai et vins mouiller à 250 mètres par le travers des forts, bien garnis de soldats. —

Tout avait été préparé pour le débarquement pendant la route. Aussitôt mouillé, le détachement, commandé par Mr de Trentinian, 12 hommes de l'équipage, embarquèrent dans nos deux jonques, à la remorque de la yole à vapeur. — A 8 heures 1/2, j'étais prêt ; j'envoyai un coup à mitraille sur le fort, qui répondit à la seconde par sa bordée, qui passa heureusement par-dessus l'Espingole. J'avais eu raison de ne pas attendre, tout ayant été fait seulement en vue de gagner du temps. La position était critique pour l'Espingole. J'embarquai donc de suite avec les officiers, et je poussai en donnant ordre de tirer par-dessus nos têtes pour protéger le débarquement. Les forts continuèrent à tirer jusqu'à ce que nous fussions à 50 mètres environ ; mais nos chassepots les firent évacuer ; et, en arrivant à terre, nous les trouvâmes abandonnés. Je renvoyai les embarcations que je ne pouvais garder ; et, réunissant tout mon monde, nous traversâmes le fort et, sans hésitation, nous nous portâmes vers la citadelle, en chassant tous les fuyards devant nous.

A 600 mètres du fort, au bout d'une rue, nous nous trouvions devant la citadelle, à l'entrée d'un chemin découvert qui, en serpentant, conduisait à la porte du redan. A ce moment, nous fûmes salués d'un coup de canon de la porte du redan. Toute la charge passa à 50 mètres de nous, en nous couvrant de poussière. Après une seconde d'hésitation, voyant que malgré notre tir on rechargeait les pièces, nous nous portons au pas de course, en suivant le chemin, dont un des ponts avait été enlevé précipitamment, jusqu'à la porte du redan, devant laquelle nous vînmes nous butter ; mais nous étions à l'abri des pièces du redan. La hache ne put pratiquer qu'une petite trouée ; il ne fallait pas essayer d'escalader la porte, elle était hérissée de pointes en fer sur lesquelles je me déchirai les mains ; heureusement, les murs n'étaient pas très hauts, et en faisant la courte échelle et nous frayant à coups de sabre un passage entre les bambous qui défendaient des murailles, nous pûmes pénétrer dans le redan, dont tous les défenseurs disparurent à notre vue, et nous nous portâmes rapidement à l'un des angles pour reconnaître la porte et nous réunir.

Nous nous trouvions, en cet endroit, battus par les trois pièces du bastion opposé et la pièce de la porte. Les quatre pièces tirèrent presque en même temps sur notre petit groupe, sans atteindre un seul de nous. Nous ne pouvions rester ainsi exposés à ce feu; et la seule tactique était d'aller en avant, de profiter de la 2ème décharge pour franchir le pont battu par le tir naturel des pièces, et de nous abriter contre la porte de la citadelle. Nous étions tous réunis à l'angle du bastion. Le groupe d'officiers restant à découvert pour faire tirer, les hommes furent mis à l'abri derrière une maison pour supporter la deuxième décharge, qui ne se fit pas attendre; elle n'eut heureusement aucun effet sur nous. Une partie des projectiles firent voler en éclats les parapets du pont. Aussitôt la décharge faite, il n'y avait plus à hésiter; le pont fut rejoint au pas de course, et au moment où nous nous y engagions, le bastion de gauche, trop pressé, lâcha là heureusement sa bordée, qui passa devant nous, et dont les projectiles tombèrent à droite et à gauche du pont. Nous avions quelques secondes à nous; le pont fut franchi au pas de course, et nous nous trouvâmes à la porte de la citadelle au moment où le bastion de droite, qui avait rechargé, recommançait son feu.

Quelques hommes, hésitant à franchir ce grand passage à découvert étaient restés en tête du pont. Je leur fis crier de rester. De là, ils pouvaient mieux tirer sur les servants des pièces, qui rechargeaient malgré notre feu de mousqueterie. Nous n'avions qu'une hache, pas de canons, pas d'échelles; et, du reste, les murs de la citadelle étaient trop élevés pour qu'on pût songer à les escalader; et une haie de bambous tressés, inclinée à 750 m/m, débordait à près de deux mètres au-dessus du haut des murs, dissimulant les tireurs assiégés et rendant notre tir très-incertain. La porte était dure et résistait aux coups de hache; enfin, un petit panneau fut arraché, mais la hache vint butter contre des gabions pleins de terre qui bouchaient complétement la porte. La position était critique. Arrêtés devant un obstacle inattendu, battus à 100 mètres par les cinq pièces des bastions, qui, nous voyant sans défense, et se sentant protégés par des maisonnettes contre nos balles, rechargeaient et rectifiaient leur tir sur notre petit groupe aggloméré près de la porte, nous aurions dû être écrasés; heureusement, le sens du tir manque complétement aux Annamites; une seule décharge nous eût tous broyés; toutes passaient à quelques mètres de nous ou tombaient dans l'eau, à nos pieds; quelques coups de fusil, tirés maladroitement entre les bambous, furent éteints par un de nos coups; une pluie de pierres et de briques tombait sur notre tête; elle nous fit quelque mal. — Reconnaissant l'impossibilité d'enfoncer la porte, quelque dur qu'il fût pour moi de battre en retraite, après avoir tant risqué et avoir touché presque le but, je demandai aux officiers leur avis et je songeai à donner l'ordre de se retirer. En ce moment, un homme, le nommé Gautheron, demanda à essayer l'escalade; c'était insensé, et je n'aurais pas donné un pareil ordre; je laissai faire, mais les efforts de Gautheron furent impuissants. — Pendant cet essai, le docteur Harmand eut l'idée de tirer un coup de fusil sur un des barreaux de la porte, le pied vola en éclats; un second coup déchaussa le barreau voisin. Laissant de côté toute idée de retraite, en m'accrochant à la brèche faite dans la porte, je me hissai jusqu'aux barreaux que j'arrachai, et me présentai par cette ouverture, le révolver à la main. Cinq hommes étaient sous la porte avec des fusils; à ma vue, ils hésitèrent; je fis feu sur l'un d'eux, mon révolver rata; mais ce mouvement les détermina à tourner les talons, se retranchant à droite et à gauche, si bien que lorsque mon second coup fut armé, je n'avais plus de cible.

À ce moment, la citadelle était prise: un homme me suivit, puis un autre. Je m'avançai à découvert de la porte; tout le monde fuyait; les pièces qui avaient tiré avec tant d'acharnement étaient abandonnées précipitamment. Je n'en pouvais croire mes yeux après une résistance aussi réelle qui devait être si meurtrière jusqu'au dernier moment. Le seul fait d'un homme se présentant en haut d'une porte, d'où un coup de lance l'eût rejeté facilement, était le signal de la déroute. Je m'attendais à une résistance dans la citadelle; je ne comptais, en entrant, que sur la possession d'une porte, tout en découlait. Malheureusement, le passage ouvert était difficile, et il fut impossible de nous lancer de suite en avant. Le docteur m'avait suivi. M. de Trentinian restait à l'extérieur pour faire fuir le monde. Quand nous eûmes quatre hommes, je priai le docteur d'en prendre deux et de suivre les remparts d'un côté, pendant qu'avec deux autres je me dirigeai de l'autre. Je trouvai tout abandonné, la porte Sud évacuée, et tout le monde fuyant vers la porte qui fait face à celle par laquelle nous étions entrés. Je m'y portai rapidement, traversant la cour du logement du gouverneur, constatant que la porte Sud était bouchée jusqu'en haut, et j'arrivai à la porte Ouest, toute grande ouverte; je la franchis sur le dos des fuyards qui emportaient leurs armes pour évacuer le redan; je ramenai des prisonniers que j'employai à réparer cette porte, et je continuai le tir. Tout à coup, je me trouvai en face d'une trentaine d'hommes avec leurs armes et du riz, arrivés trop tard pour s'enfuir avec les autres. J'étais seul à ce moment et très-isolé; sans hésiter, je courus à eux, et l'effet de cette tactique fut parfait: tous les soldats jetèrent leurs armes, demandant grâce, ou se sauvèrent dans les vases ;

sans songer un instant que le moindre mouvement en avant de leur part m'eût mis dans la plus fâcheuse position. Je fus rejoint à ce moment par M. de Trentinian et le docteur qui, pas plus que moi, n'avaient trouvé de résistance; le pavillon français flottait sur la tour.

Aussitôt, laissant la citadelle sous la garde de M. de Trentinian, je partis avec six marins reconnaître le chemin qui nous avait menés à la citadelle et dans les forts, que notre trop petit nombre m'avait empêché de garder. J'appris, en arrivant à bord, que sur nos derrières, ces forts avaient été réoccupés et le feu repris sur l'espingole. Une embarcation avec 4 hommes les avait fait taire, et les pièces avaient été enclouées. Après avoir réduit autant que possible le personnel de l'espingole, je descendis à terre avec le reste pour organiser l'occupation de la citadelle.

En parcourant les remparts, je compris la hauteur du gouverneur: les défenses étaient telles qu'il pouvait se croire sûr de nous tenir tête. La citadelle est hexagonale; des courtines de 200 mètres et des bastions de 100 mètres de côté; 4 portes, trois courtines consécutives, une autre au milieu de la courtine faisant face à la porte du milieu; devant chaque porte, un grand redan avec une ou deux portes. Chaque porte était défendue par une pièce sur affût de campagne. Chaque redan était armé de 6 pièces au moins, battant un glacis très étendu et entouré d'un double fossé. Chaque bastion armé de 2 à 3 pièces à chaque angle, 3 du côté des portes. — Je ne comptai pas moins de 80 pièces de canon sur les remparts. — Parmi ces pièces, plusieurs en bronze et d'un modèle récent (1867); plusieurs canons de 30 et de 24, en fonte; chaque pièce était approvisionnée de nombreux coups, et partout les mèches allumées. Trois portes étaient bouchées par des gabions de terre; une seule, donnant sur la campagne, était restée libre. La nuit avait été dure pour eux, et on avait peu dormi dans la citadelle. — Certainement la prise d'une pareille citadelle, admirablement préparée à la défense et armée d'une façon aussi formidable, par 28 hommes, peut passer pour un des coups de main les plus heureux qu'on ait tentés, et il est certain que si j'avais su au juste ce que je tentais, je n'aurais probablement pas essayé, considérant que l'attaque d'une citadelle dans ces conditions eût été une entreprise insensée.

Tout le monde a fait son devoir avec le plus grand dévouement, mais un rare bonheur nous a accompagnés; ce qui aurait dû nous perdre, notre petit nombre, nous a sauvés; un seul des nombreux coups de canon qu'on nous tirait, pouvait nous anéantir, mais tout ce qui ne portait pas juste était perdu. L'attaque avait commencé à 8 heures 1/2, et à 10 heures la citadelle était à nous.

Mon premier soin fut d'envoyer prévenir la mission dominicaine, la chargeant de deux lettres pour vous, vous apprenant les événements et vous demandant des ordres. En revenant à la citadelle, je fis demander le chef de la congrégation chinoise et les autorités municipales de la ville. Ils s'empressèrent de venir. — Je fis rédiger de suite une proclamation informant les habitants de nos intentions pacifiques; la prise de la citadelle n'avait été qu'un châtiment infligé à la mauvaise volonté et à l'insolence du mandarin; mais tout devait continuer à fonctionner comme avant. Le travail devait être repris de suite, sous la sauvegarde des autorités cantonales et municipales que je rendais responsables de tout pillage et de tout désordre dont les événements du matin seraient le prétexte. Je remis également au Chinois copie des arrêtés commerciaux, dont il fut fait plusieurs exemplaires, qui furent affichés dans la ville, à la grande satisfaction de tous. Je fis rédiger aussi et exposer une proclamation aux chefs de canton, les informant de notre formelle intention de ne toucher en rien à leur autorité, mais au contraire de notre désir de nous en servir pour la paix générale dans la province, malgré la désorganisation résultant de la fuite probable des Plous et des Huyens.

Vous savez, Commandant, combien peu j'étais outillé, comme interprète, pour une pareille besogne; mais je comptais beaucoup sur le concours de M. Colomir, que j'avais prié de venir. De plus, toutes ces mesures générales étaient indispensables pour rassurer la population et permettre d'attendre des instructions que je pouvais avoir le 5 au soir.

Dans la soirée, le père dominicain, Maso, arriva; je le mis au courant de la situation et lui demandai conseil. Il m'assura qu'avant trois jours, si je ne recevais pas de renforts sérieux, je serais accablé par des troupes venant du Nord et du Sud, et que tout ce qu'il y a de chrétiens dans le pays serait massacré. Sans accepter de suite des prévisions si graves, je résolus que, dès le lendemain, toutes les précautions seraient prises pour l'évacuation de la citadelle, dans des conditions telles que nous n'aurions pas à craindre de longtemps, si nous étions obligés d'abandonner une si belle prise.

La nuit fut calme, mais le service était accablant pour les hommes; cependant je comptais bien tenir jusqu'à l'arrivée des renforts que vous ne manqueriez pas de m'envoyer. La journée du 5 fut employée, sous la direction de M. de Trentinian, à enclouer et démonter toutes les pièces, celles des remparts, celles des redans et celles des magasins, au nombre de cent et quelques. — On mit quatre jours à cette besogne, malgré les 80 prisonniers employés. Plus de 2.000 lances furent réunies au pied de la tour, 1.500 fusils, dont 200 environ à piston et plusieurs cages. Tout fut brûlé, excepté 200 lances et une soixantaine de fusils que je fis transporter au magasin près de la porte de communication. La porte d'or fut bouchée hermétiquement et les redans encombrés, des maisons furent incendiées. Des armes étaient réunies dans ces maisons, et les sentinelles étaient tenues en alerte continuelle par les gens qui s'y introduisaient pour prendre des armes et les emporter à l'extérieur.

Le 5, au soir, je reçus une lettre de M. Colomir, me priant de ne pas agir avant d'avoir reçu des ordres exprès de vous. — Je lui répondis que sa lettre arrivait trop tard; que depuis la veille la citadelle était prise; que j'avais agi en me conformant à vos instructions, et que maintenant j'en attendais de nouvelles. Je le priai de venir à Hai-Dzuong, pour me renseigner sur le pays, en l'informant, de plus, que s'il était en communication avec les mandarins, je l'autorisais à leur proposer un traité de paix. J'étais disposé à rendre la citadelle, mais il fallait acceptation complète du traité de commerce dans toutes ses conséquences et dérivations, et, de plus, comme satisfaction, que la visite qui m'avait été refusée fut faite à bord de l'Espingole. — Je ne reçus réponse que le 8, réponse brève, blessante dans la forme, et indiquant peu d'empressement à me donner un concours dont j'avais tant besoin. Ne recevant aucune nouvelle de vous, je répondis à Monseigneur, une lettre dans laquelle je lui envoyai un projet de traité, en le suppliant, au nom des intérêts que sa position lui faisait un devoir de protéger, de venir me voir, la nuit, à bord de l'Espingole. J'apportai d'autant plus de respect, un esprit de conciliation d'autant plus grand dans mes lettres, que les réponses étaient plus dures. Le lendemain 9, Monseigneur vint à bord de l'Espingole; il se plaignit amèrement des événements, me demandant des explications sur notre présence au Tong-King, mettant toujours la question politique en avant et protestant contre les événements. — Je lui dis que je n'avais pas qualité pour lui répondre, que vous seul pourriez le renseigner à ce sujet; que la question pendante à Hai-Dzuong, qui peut-être était de moindre importance, devenait actuellement la principale, et que je le suppliais d'employer toute son influence à la régler. — Je finis par le décider, après avoir lu le traité article par article, à faire rechercher les mandarins pour le leur faire proposer. Je quittai Monseigneur à 11 heures du matin; il ne retourna qu'à la nuit à la Mission.

Le manque absolu de nouvelles de vous, malgré les lettres que j'envoyais tous les jours par plusieurs voies, m'avait décidé à entrer en négociations; le traité nous donnait toute garantie, et, en supposant qu'il aboutît, je rendais, au lieu d'une citadelle formidable, une place sans artillerie, sans armes, et incapable de se relever de plusieurs mois. Du reste, je vous écrivais, vous informant de tout, vous prévenant que je traînerais les choses assez pour permettre à vos ordres d'arriver avant la signature. — Sans nouvelles, tout mon monde sur les dents, je devais prendre des dispositions telles que, si je n'avais pu être soutenu par vous, je pusse me retirer la tête haute, en maître dictant des conditions. Je me demandais avec anxiété si les intérêts qui me faisaient rester à Hai-Dzuong ne devaient pas être primés par d'autres plus forts, qui m'appelleraient à Ha-Noï.

Le 10, je sus, par Mgr Colomir, que Mr Puginier avait appris que Ninh-Binh était pris; on ne me disait pas que vous ne fussiez pas à Ha-Noï, mais certains bruits, me parlant de la prise de Nam-Dinh, me firent admettre votre absence et me rassurèrent sur le silence qui m'entourait.

« Mon premier soin avait été de m'assurer du concours des Trams, mais je ne pus jamais arriver à un résultat convenable. Les difficultés existaient en dehors du territoire d'Hai-Dzuong, au relai de Ho-Trang.

Depuis le jour de la prise, je ne cessai de recevoir toute la journée des visites accompagnées de présents: des maires, chefs de cantons chinois, propriétaires de toute la province, m'assurant de leur dévouement aux Français, et me remerciant d'être venu les affranchir d'un joug qui leur pesait tant. Je fis répondre à tous que nous ne voulions que l'ordre et la paix, que les autorités devaient être respectées comme autrefois; qu'à ces conditions ils pouvaient compter sur les Français, qui ne les abandonneraient pas et laisseraient derrière eux des chefs complétement convertis au nouvel état de choses.

Les Chinois vinrent me demander mille détails sur les impôts et la façon dont ils seraient payés. Je leur répondis d'une façon générale qu'ils pouvaient circuler dans tout le Tong-King, qu'aucun impôt ne serait payé par eux aux Annamites, mais à Ha-Noï, au commandant français, sur leur simple déclaration.

Plusieurs demandes me furent faites pour laisser occuper les forts abandonnés par les mandarins. Après quelques renseignements pris, j'accordai mon cachet à six chefs dont je pris les noms, ainsi que le nom des forts qu'ils occupaient. Je leur permis de réunir des hommes pour occuper ces forts et de s'y défendre contre les pirates et pillards, et pour protéger le pays qui en dépendait. — Toutefois, je ne leur accordai pas le pavillon français. Quelques-uns le prirent cependant, mais à mon insu.

On vint aussi me demander à réunir des hommes pour les amener à nos ordres, mais je ne savais pas assez le degré de confiance que me devaient inspirer de pareilles proposition; je refusai.

Si j'avais eu l'ombre d'une nouvelle de vous, rassuré au point de vue militaire, sachant que vous ne pouviez m'envoyer aucun secours, j'aurais pu m'organiser et prendre des mesures plus radicales; mais, outre que les renseignements me manquaient sur la moralité des gens que j'aurais pu nommer, je craignais d'aller à l'encontre de ce que vous auriez pu faire vous-même. Je vous avais écrit demandant un gouverneur, un administrateur et une garnison annamite, ou bien un renfort et des instructions.

Ces secours pouvaient arriver d'un moment à l'autre.

Nous vécumes ainsi jusqu'au 14, c'est-à-dire dix jours, ayant à garder la citadelle et la canonnière, et à nous assurer des communications constantes. Je reçus des nouvelles de la Mission : la recherche active qu'ils avaient organisée pour découvrir les mandarins avait échoué, mais ils ne désespéraient pas

Un sujet dont je ne vous ai pas encore parlé ne laissait pas de m'inquiéter beaucoup. Des plaintes nombreuses m'étaient portées contre les pirates. Une bande de deux à trois cents, avec 21 jonques et de gros canons, dévastait le pays dans la direction de Quang-Yen et au nord de Hai-Dzuong. Toute circulation était interrompue sur le fleuve, les you-you pillés, les hommes retenus prisonniers ou massacrés, et cela à deux heures à peine de Haÿ-Dzuong. Cette bande de pirates chinois était commandée par le général Ha-Kung, dont tout le monde prononçait le nom en tremblant. — Je fis réponse que notre premier soin, aussitôt les affaires un peu organisées, serait d'aller détruire ces pirates, mais que les moyens dont je disposais en ce moment ne me permettaient pas d'agir immédiatement contre eux. Je promis une grosse récompense à ceux qui m'en délivreraient.

Je redoublai la surveillance de la canonnière, mais toute la nuit on entendit le canon à petite distance et d'une façon presque continue. J'aurais désiré faire quelque chose contre eux, mais il eût fallu dégarnir la citadelle, et le moindre accident à la canonnière eût compromis le salut général. Je me bornai à nous garder, et vous informai d'un état de choses sur lequel l'attention doit être appelée aussitôt que notre sécurité personnelle sera assez assurée pour nous permettre d'y songer.

Le 14, je reçus une lettre de ce général Ha-Kung, me demandant de l'autoriser à s'emparer de Quang-Yen ; il affirmait qu'il se soumettrait ensuite aux Français. A cette lettre d'une audace inouïe, mais explicable par l'autorité dont ce bandit jouit dans le pays, je fis répondre que les Français ne traitaient pas avec les pirates, que lorsqu'ils les prenaient, ils les pendaient... — Cette démarche peut vous éclairer sur le rôle que jouent dans le pays ces brigands, qu'il est de la première urgence d'anéantir. Du reste, les mandarins de Quang-Yen m'avaient fait dire, quelques jours avant, qu'ils étaient disposés à nous bien recevoir, si nous voulions leur donner la main contre les pirates.

J'avais eu tellement à faire, que je n'ai jamais pu établir un inventaire exact de ce que contiennent les magasins. J'ai prié Mr de Trentinian de me le faire ;

mais on peut évaluer à 250.000 ou 300.000 francs la valeur du trésor en sapèques, et 28.000 francs en argent, que j'ai fait transporter à bord de l'Espingole. Il existait aussi d'immenses approvisionnements de poudre, salpêtre et projectiles de tout calibre ; mais toutes les poudres furent noyées, ainsi que le salpêtre ; j'avais recommandé de laisser intacte la poudrière mais le trop grand zèle d'un homme l'a fait détruire. Les affûts des pièces et armements furent brûlés. En un mot, craignant dès les premiers jours d'avoir à évacuer la place et, persuadé du reste, que l'armement formidable de la citadelle ne servirait jamais que contre nous, j'avais donné ordre de tout détruire et de ne conserver que quelques armes réunies près de la porte de communication, qui restait occupée. Quatre-vingts prisonniers, à Cangue, servaient pour les corvées ; plusieurs de ceux-ci furent mis en liberté sur les réclamations du chef de congrégation des Chinois. Trente chrétiens nous avaient été envoyés pour nous servir ; ils se livrèrent à un vrai pillage dans la citadelle ; mais il ne fallait pas songer à les empêcher.

Toutes les nuits, le service se partageait entre M. de Trentinian, moi et le docteur Harmand, que j'employai pendant tout ce temps comme officier.

C'est dans ces conditions que je reçus, le 14, à 11 heures, votre lettre du 12, m'appelant de suite à Nam-Dinh, en laissant à la garde de la citadelle le détachement sous les ordres de M. de Trentinian, si aucun danger militaire ne le menaçait. Je le fis juge, et il fut d'avis qu'il pouvait rester ; du reste, l'occupation du Sud enlevait toute appréhension sur les dangers que je craignais avant. Je complétai donc chaque homme à 8 paquets de cartouches, recommandant de ne tirer qu'à coup sûr et en cas d'attaque. A deux heures, la mer étant haute, après avoir fait accumuler des vivres et des munitions dans la porte qui devait servir de poste de nuit, je quittai la citadelle en laissant aux maires et dans la ville des proclamations annonçant mon départ et l'occupation de la citadelle avec un chef devant lequel les maires devaient se présenter tous les matins. Je prévins M. de Trentinian que si des nouvelles du traité lui venaient, il eût à y surseoir jusqu'à nouvel ordre. J'écrivis à M. Colomir, l'informant de mon départ. J'appareillai. Je mouillai le soir dans le canal, et le lendemain 15, à 2 heures, j'arrivai sans encombre à Nam-Dinh. Les forts du canal avaient été abandonnés, les barrages étaient restés tels quels, mais praticables. Au premier barrage, je rencontrai le Loo-Kai, auquel j'annonçai que la route était libre. — Elle devait l'être depuis dix jours au moins. Le lendemain 16, nous étions à bord, et le même jour, à deux heures, nous arrivions à Ninh-Binh. Le 17, nous repartions avec M. Sohier, qui venait de Hué, et nous mouillions à Phu-Ly, pour arriver en rade de Ha-Noï, à 8 heures du soir.

Après 26 jours d'absence, marqués par bien des événements et des fatigues sans nombre, le résumé se fait ainsi :

24 Novembre. Soumission de Hong-Yen ;

26 Novembre - Prise de Phu-Ly, installation des nouvelles autorités ;

4 Décembre - Prise de la citadelle de Hai-Dzuong, après vive résistance ; destruction de barrages, évacuation de nombreux forts.

En un mot, pendant ces 26 jours d'une navigation difficile, entourée de mille difficultés, tout le monde a fait son devoir, avec une grande abnégation ; et, si je suis fier d'avoir été secondé de la sorte et d'avoir trouvé autour de moi un pareil dévouement, vous pouvez croire Commandant, que la tournée de l'Espingole n'a pu qu'accroître notre prestige dans le pays, où l'on a pu voir l'honneur du pavillon tenu bien ferme et défendu avec courage.

Votre but, en m'envoyant, était d'assurer notre autorité dans le pays et de convaincre les populations de notre désir de rétablir la justice et la paix partout ; je crois y avoir pleinement réussi, dans la limite des moyens dont je disposais.

J'aurais bien des récompenses à vous demander ; je me borne à un petit nombre choisi. J'espère que vous voudrez bien appuyer ma demande de toute votre autorité.

Je vous signalerai, en première ligne, le docteur Harmand, en qui j'ai trouvé toujours un conseil sérieux et qui, par son grand dévouement, m'a servi à aplanir bien des difficultés. Je l'ai employé tout le temps comme officier, l'envoyant avec quelques hommes faire des reconnaissances, et, à la prise de Hay-Dzuong, où l'affaire a été chaude, il a acquis, par son grand sang-froid, des droits bien sérieux à une récompense.

Je vous donne ci-joint la liste des propositions.

Signé : Adrien Balny, Enseigne de Vaisseau,
Capitaine de l'Espingole.

Ha-noï, 18 Décembre 1873.

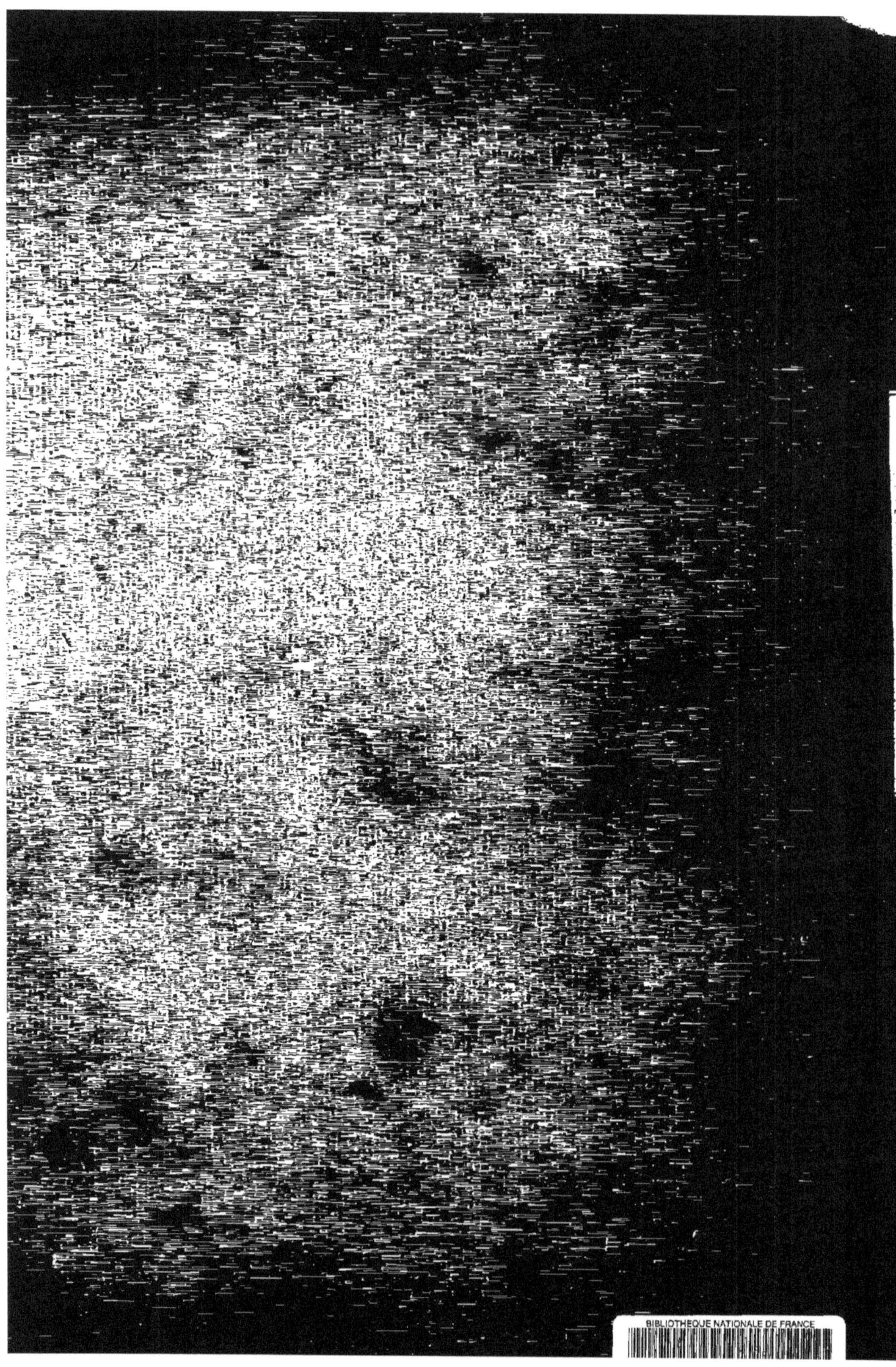